picaverlag

ILLUSTRIERTE REZEPTESAMMLUNG

Heiligs Guetzli!

VORWORT

Weihnachtszeit, oh Weihnachtszeit,
Stadt und Land im weissen Kleid,
Haus und Hof sind eingeschneit,
schon wird der Ofen vorgeheizt.

Küchen werden zu Bäckerstuben,
Teig geknetet zu Schoggikugeln,
Konfi gekleckert auf Spitzbuben,
Puderzucker stäubt über dunkle Kuchen.

Nichts schmeckt so gut wie selbstgemacht,
bringt Sterne zum strahlen Tag und Nacht.
Darum packen der Samichlaus und der Schmutzli,
in die Stiefel und Säckli auch ein «Heiligs Guetzli».

Das Buch erzählt von Traditionen,
Zimtstern, Brunsli und Makronen,
Orangen Schnittli, Mond und Meitli,
von in Milch getauchten Totenbeinli.

So wünschen wir nun frohes Schaffen,
vom Zebra bis zum Hut der Pfaffen,
vom Haselnuss Zwieback zu Wolken aus Zimt,
auf das dir dein Lieblingsguetzli gelingt!

En Guete!

INHALTSVERZEICHNIS

SALUT DE BORDEAUX
OUI

HORRENBERGER's

Canelés Bordelais

ZUTATEN

500 G	ZUCKER
200 G	MEHL
3	EIER
4	EIGELB
1 L	MILCH
6	VANILLESCHOTEN
80 G	BUTTER
1 DL	RUM

ZUBEREITUNG

1. Zucker und Mehl mischen. Eier und Eigelb hinzufügen und schaumig rühren.
2. Die Milch mit den Vanilleschoten und Butter aufkochen.
3. Die Hälfte der Flüssigkeit zu der Mehlmischung geben. Nach dem Abkühlen der Masse, die zweite Hälfte hinzufügen und den Rum dazugeben.
4. Die gesamte Masse mindestens 24 Stunden kühl stellen.
5. Die Masse bis ca. 5 mm unter den Rand in Mini-Gugelhopfförmli füllen.
6. Im Ofen bei 240°C für 10 Minuten anbacken. Anschliessend bei 180°C während ca. 40 Minuten ausbacken. Noch warm aus den Formen nehmen.

MARGRIT
SCHMITTER-KAMBER's

Haselnuss Zwieback

ZUTATEN

1 TUBE	GEZUCKERTE KONDENSMILCH
250 G	GEMAHLENE HASELNÜSSE
1 PACK	ZWIEBACK

VARIANTE:

1	EIWEISS

ZUBEREITUNG

1. Kondensmilch und Haselnüsse mischen, damit eine zähe Masse entsteht.
   Variante: Eiweiss steif schlagen und darunterziehen.

2. Diese Mischung ca. 3 mm dick auf die Zwieback streichen und auf ein mit Backpapier belegtes Blech legen.

3. Bei 200°C für ca. 7 bis 10 Minuten in der oberen Ofenhälfte goldbraun backen.

4. Im noch warmen Zustand in kleinere Stücke schneiden (ca. 3 Stücke pro Zwieback).

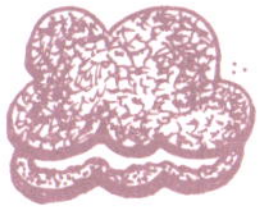

KATHARINA STEINER's

Zimt Wolken

ZUTATEN

100 G	BUTTER (ZIMMERWARM)
3 EL	HONIG (FLÜSSIG)
1	KLEINES FREILANDEI
150 G	DINKEL- ODER WEIZENRUCHMEHL
1 MSP	BACKPULVER
200 G	GEMAHLENE HASELNÜSSE
1 TL	ZIMTPULVER
1 MSP	NELKENPULVER
	HIMBEERKONFITÜRE
	PUDERZUCKER

ZUBEREITUNG

1. Butter schaumig rühren. Honig und Ei in kleinen Abständen beigeben.
2. Mehl und Backpulver vermischen und unter die Buttermasse geben. Restliche Zutaten zufügen und zu einem geschmeidigen Teig kneten.
3. 1 Stunde kühlstellen.
4. Teig ca. 4 mm dick ausrollen und Wolken ausstechen.
5. Im auf 18O°C vorgeheizten Ofen ca. 8 bis 10 Minuten backen.
6. Die Hälfte der noch warmen Wolken auf der Rückseite mit Himbeerkonfitüre bestreichen, eine zweite Wolke darauflegen, leicht andrücken und nach Belieben mit Puderzucker bestäuben.

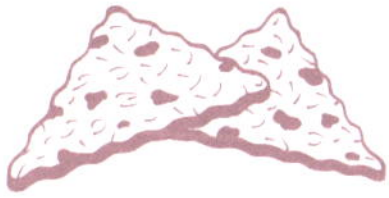

SUKI BAMBOO's

Cranberry Triangel

ZUTATEN

25 G	ZUCKER
110 G	RUCHMEHL
1 PRISE	SALZ
80 G	GUT GEKÜHLTE BUTTERSTÜCKCHEN
80 G	GETROCKNETE CRANBERRYS ODER PREISELBEEREN
60 G	SONNENBLUMENKERNE

ZUBEREITUNG

1. Zucker, Mehl und Salz mischen. Butterstückli mit Mehlgemisch krümelig reiben. Cranberrys und Sonnenblumenkerne zugeben, rasch zu einem Teig kneten. Im Kühlschrank zugedeckt 1 Stunde ruhen lassen.

2. Den Backofen auf 175°C vorheizen.

3. Teig auf leicht bemehlter Arbeitsfläche 3 mm dick ausrollen, Formen ausstechen, auf das mit Backpapier belegte Blech legen.

4. In der Ofenmitte bei 175°C ca. 10 Minuten backen.

Ausstechform:
Dreieckig mit Wellenrand

BÜRO NORD's

Nordische Brunsli

ZUTATEN

50 G	ZUCKER
1 PRISE	SALZ
250 G	GESCHÄLTE, GEMAHLENE MANDELN
½ TL	ZIMT
½	ABGERIEBENE, UNBEHANDELTE ORANGENSCHALE
3 EL	MEHL
50 G	WEISSE SCHOKOLADE, GESCHMOLZEN
50 G	WEISSE SCHOKOLADE, GEHACKT
2	EIWEISS VERKLOPFT
2 TL	GRAND MARNIER ODER ORANGENSAFT
	PUDERZUCKER

ZUBEREITUNG

1. Zucker und alle Zutaten bis und mit Schokolade in einer Schüssel mischen.
2. Eiweiss und Grand Marnier beigeben, zu einem Teig zusammenfügen.
3. Teig portionenweise auf Puderzucker ca. 1 cm dick auswallen. Verschiedene Formen ausstechen und auf ein mit Backpapier belegtes Blech legen.
4. Bei Raumtemperatur 5 bis 6 Stunden trocknen lassen.
5. Bei 250°C ca. 4 bis 6 Minuten backen.

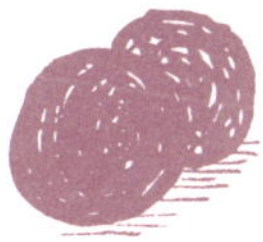

RÖÖSLI GANTENBEIN's

Schoggi Kugeln

ZUTATEN

125 G	KOCHSCHOKOLADE ODER ANDERE DUNKLE SCHOKOLADE / COUVERTURE
250 G	GEMAHLENE MANDELN
2	EIER
160 G	ZUCKER
1 TL	ZIMT
2 EL	MEHL
	PUDERZUCKER

ZUBEREITUNG

1. Schokolade im Wasserbad schmelzen.
2. Restliche Zutaten mit der Schokolade mischen.
3. Arbeitsfläche mit Puderzucker bestreuen und mit möglichst kühlen Händen aus der Schokoladenmasse kleine Kugeln formen. Über Nacht trocknen lassen.
4. Bei 160°C backen bis die Kugeln Risse bekommen.

ALICE WALDIS'

Orangen Schnittli

ZUTATEN

125 G	BUTTER
100 G	ZUCKER
1	ABGERIEBENE, UNBEHANDELTE ZITRONENSCHALE
1	EI
1	EIGELB
250 G	MEHL
1 PRISE	SALZ
1 TL	BACKPULVER

FÜLLUNG:

100 G	GEMAHLENE MANDELN
125 G	ZUCKER
1	ABGERIEBENE, UNBEHANDELTE ORANGENSCHALE UND SAFT

GLASUR:

125 G	PUDERZUCKER
4 EL	ORANGENSAFT

ZUBEREITUNG

1. Butter mit Zucker und Zitronenschale schaumig rühren.
2. Ei, Eigelb, Mehl, Salz und Backpulver dazumischen und zu einem Teig kneten.
3. Teig ca. 3 bis 5 mm dick auswallen, halbieren und auf ein mit Backpapier belegtes Blech legen. Den ausgewallten Teig kühl stellen.
4. Alle Zutaten der Füllung mischen.
5. Die eine Hälfte des Teigs mit der Füllung bestreichen und mit der anderen Hälfte passend zudecken.
6. In der Ofenmitte bei 200°C ca. 15 Minuten backen.
7. Mit Glasur bestreichen, in Rechtecke schneiden und abkühlen lassen.

JOSEF VON HOSPENTHAL's

Kokos Makrönli

ZUTATEN

EIWEISSSCHNEE

2	EIWEISS
2 TL	ZUCKER

ZUCKERSIRUP

200 G	ZUCKER
40 G	WASSER

200 G	KOKOS GERASPELT

ZUBEREITUNG

1. Eiweiss mit Zucker zu Schnee schlagen.
2. Zuckersirup kochen.
3. Den Zuckersirup vorsichtig zum Eischnee geben und leicht mischen. Anschliessend die Kokosraspeln vorsichtig unterziehen.
4. Masse mit einem Spritzbeutel (Aufsatz: Sterntülle) auf Backpapier dressieren. Makrönli auf ca. zwei bis drei Bleche verteilen.
5. Bei 180°C für ca. 12 bis 13 Minuten backen, bis sich die Spitzchen leicht färben.

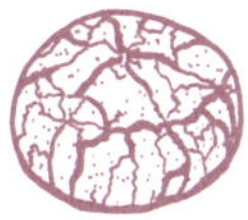

JOSEF VON HOSPENTHAL's

Haselnuss Makrönli

ZUTATEN

200 G	FEIN GEMAHLENE HASELNÜSSE
400 G	ZUCKER
2	EIWEISS

ZUBEREITUNG

1. Haselnüsse und Zucker mischen.
2. Eiweiss steif schlagen. Haselnüsse und Zucker sorgfältig unterrühren.
3. Mit einem Teelöffel kleine Häufchen mit genügend Abstand zueinander auf ein mit Backpapier belegtes Blech geben. Masse auf ca. zwei bis drei Bleche verteilen, da die Makrönli stark zerlaufen.
4. Bei 200°C für ca. 10 Minuten backen.

BIANCA LITSCHER's

Bio Zimtsterne

ZUTATEN

90 G	ROHROHRZUCKER
1 TL	ZIMTPULVER
1 PRISE	SALZ
100 G	GEMAHLENE MANDELN
50 G	GEMAHLENE HASELNÜSSE
300 G	DINKEL- ODER WEIZENWEISSMEHL
200 G	GUT GEKÜHLTE BUTTERSTÜCKCHEN
1	EIGELB

ZUM BESTÄUBEN:

3 EL	PUDERZUCKER
½ TL	GEMAHLENER CASSIA-ZIMT

ZUBEREITUNG

1. Rohrohrzucker, Zimtpulver, Salz, Mandeln, Haselnüsse und Mehl mischen. Butterstückli mit dem Mehlgemisch krümelig reiben. Eigelb zugeben und zu einem Teig zusammenfügen.
2. Im Kühlschrank zugedeckt 1 Stunde oder länger ruhen lassen.
3. Teig 5 mm dick auswallen, Sterne ausstechen und auf ein mit Backpapier belegtes Blech legen.
4. In der Ofenmitte bei 175°C ca. 15 Minuten backen. Noch warm mit der Puderzuckermischung bestäuben.

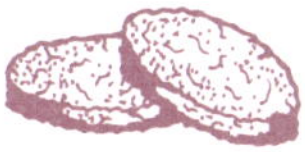

HANNY SCHMID-BÜHLER's

Hafer Guetzli

ZUTATEN

100 G	BUTTER
1 DL	RAHM
250 G	ZUCKER
2	EIER
1 TL	VANILLEZUCKER
250 G	HAFERFLOCKEN
100 G	GEMAHLENE HASELNÜSSE
250 G	MEHL
1 PRISE	SALZ
1 TL	BACKPULVER

ZUBEREITUNG

1. Butter rühren bis sich Spitzchen bilden. Rahm, Zucker, Eier und Vanillezucker beigeben und schaumig rühren.
2. Haferflocken, Haselnüsse, Mehl, Salz und Backpulver vermischen.
3. Beides zusammenfügen und zu einem Teig kneten.
4. Teig ca. 6 mm dick auswallen. Runde Formen (6 cm Durchmesser) ausstechen und auf ein mit Backpapier belegtes Blech legen.
5. Mit etwas Mehl bestäuben.
6. Bei 180°C ca. 10 bis 13 Minuten backen.

Under Fründe teilt mer gärn

UTA UND THOMAS FELDMANN's

Zebra Platzchen

ZUTATEN

TEIG:

125 G	WEICHE BUTTER
75 G	ZUCKER
2	EIGELB
1	VANILLESCHOTE
225 G	MEHL
1 PRISE	SALZ

FÜLLUNG:

100 G	GETROCKNETE CRANBERRYS
2 EL	ZUCKER
1	ABGERIEBENE, UNBEHANDELTE LIMETTENSCHALE UND SAFT

ZUBEREITUNG

1. Butter, Zucker, Eigelb und Vanillemark verrühren. Mehl und Salz dazugeben und zu einem glatten Teig verkneten.
2. Teig zu einem Rechteck (24 x 18 cm) ausrollen, auf Tablett heben, abgedeckt für etwa 45 Minuten kalt stellen.
3. Cranberrys, Zucker, Vanilleschote und Limettensaft aufkochen und pürieren. Abrieb der Limmettenschale unterrühren und abkühlen.
4. Teig in fünf gleichbreite Streifen schneiden, vier davon mit Füllung bestreichen, aufeinander schichten. Mit dem letzten Streifen oben abschliessen. In Frischhaltefolie wickeln und für 45 Minuten kalt stellen.
5. 5 mm dicke Scheiben schneiden, auf Backblech ausbreiten und bei 180°C für etwa 8 bis 10 Minuten backen.

ROSEMARIE BERNHARD's

Tag und Nacht Sterne

ZUTATEN

300 G	MEHL
150 G	ZUCKER
200 G	KALTE BUTTER IN STÜCKCHEN
1	EI
2 EL	KAKAO
2 EL	RAHM

ZUBEREITUNG

1. Mehl und Zucker mischen. Butter und verquirltes Ei beifügen. Kneten bis der Teig zusammenhält.

2. Teig halbieren. Eine Hälfte etwas flach drücken. Kakao und Rahm darauf geben und rasch verkneten bis er gleichmässig braun gefärbt ist. Teigstücke in Klarsichtfolie wickeln und ca. 1 Stunde kühl stellen.

3. Teige getrennt ca. 4 mm dick auswallen. Sterne aus Rondellen ausstechen. Gegenseitig dunkle Sterne in helle Rondellen und helle Sterne in dunkle Rondellen einsetzen.

4. In der Ofenmitte bei 180°C ca. 15 Minuten backen.

BN

SILVIA SUTER's

Dunkle Spitzbuben

ZUTATEN

175 G	BUTTER (ZIMMERWARM)
80 G	PUDERZUCKER
1 PRISE	SALZ
1 TL	VANILLEZUCKER
1 – 2 EL	WASSER
100 G	DUNKLE SCHOKOLADE
250 G	MEHL
150 G	APRIKOSENKONFITÜRE

ZUBEREITUNG

1. Butter in Schüssel geben, rühren bis sich Spitzchen bilden.
2. Puderzucker, Salz, Vanillezucker und Wasser beifügen, rühren.
3. Schokolade im Wasserbad schmelzen, beigeben und rühren.
4. Mehl fein sieben, zugeben und von Hand vermengen. Kühl stellen.
5. Teig in 2 Hälften schneiden, zwischen Frischhaltefolie ca. 2 mm dick auswallen, Rondellen ausstechen. Deckel: In die Hälfte der Rondellen, in der Mitte ein Loch ausstechen.
6. Bei 180°C ca. 5 bis 8 Minuten backen.
7. Konfitüre auf den Boden geben, Deckel aufsetzen und mit Puderzucker besieben.

ANITA CHIANI's

Pfaffenkäppli

ZUTATEN

200 G	BUTTER
200 G	ZUCKER
150 G	GEMAHLENE MANDELN
420 G	MEHL
3	EIER
	JOHANNISBEER- ODER APRIKOSENKONFITÜRE

ZUM BEPINSELN:

1	EIGELB

ZUBEREITUNG

1. Butter, Zucker und Eier schaumig rühren. Mandeln und Mehl dazu kneten.
2. Den Teig dünn auswallen und mit einem Glas ausstechen.
3. Auf jedes runde Plätzchen eine Löffelspitze Konfitüre geben.
4. Die Ränder nach oben zusammenfassen und gut andrücken, so dass Hütchen entstehen.
5. Mit Eigelb bepinseln und bei 220°C auf einem gefetteten Blech goldig backen.

PETER BÜRGE's

Mystic Mailänderli

ZUTATEN

125 G	WEICHE BUTTER
1	EI
125 G	ZUCKER
1 PRISE	SALZ
1	ABGERIEBENE, UNBEHANDELTE ZITRONENSCHALE
250 G	DINKELWEISSMEHL

ZUM BEPINSELN:

1 – 2	EIGELB

MYSTIC-GLASUR VARIANTE:

80 GRAMM PUD_R_UCK_R MIT 2 BIS 3 _SSLÖFF_L _ITRON_NSAFT GLATT RÜHR_N. G_BACK_N_ GU_T_LI DAMIT B_PINS_LN.

ZUBEREITUNG

1. Die Butter luftig aufschlagen bis sich Spitzchen bilden. Ei, Zucker, Salz und Zitronenschale unterrühren, weiterschlagen bis die Masse hell und luftig ist.

2. Das Mehl unterrühren, zu einem Teig zusammenfügen. Den Teig zugedeckt mindestens eine Stunde kühl stellen.

3. Teig auf leicht bemehlter Arbeitsfläche portionenweise ca. 6 mm dick auswallen und Formen ausstechen. Auf ein mit Backpapier belegtes Blech legen. Nochmals kühl stellen und mit Eigelb bepinseln.

4. In der Ofenmitte bei 200°C ca. 10 bis 15 Minuten backen.

JOSEF VON HOSPENTHAL's

Toten Beinli

ZUTATEN

100 G	GANZE MANDELN
130 G	GANZE HASELNÜSSE
225 G	ZUCKER
60 G	EIWEISS
225 G	WEISSMEHL
0.5 G	TRIEBSALZ

ZUBEREITUNG

1. Mandeln und Haselnüsse grob hacken.
2. Alle Zutaten in eine Schüssel geben und zu einem Teig mischen.
3. Beliebig grosse Stängeli formen, oder Teig auswallen und Stängeli schneiden.
4. In der Ofenmitte bei 200°C ca. 15 bis 20 Minuten backen.

IMPRESSUM

IDEE & KONZEPT

Büro Nord

LAYOUT & GESTALTUNG

Büro Nord

ILLUSTRATIONEN

Suki Bamboo
***Seiten:** Cover, 14, 16, 24 – 25, 28, 32, 40, 42*

Büro Nord
***Seiten:** Cover, 10, 12, 18, 20, 22, 30, 34, 36, 38*

Rhodesign, Büro Nord
Guetzli-Piktos

VORWORT

Bianca Litscher

REZEPTE

Mütter, Väter, Tanten, Grossmütter, Freunde und Bekannte

SCHRIFTEN

Hoefler Titling, Rooney

PAPIER

Lessebo 1.3 Natural FSC
Fischer Papier

DRUCK

Südostschweiz Print, Chur

AUSRÜSTEN

Buchbinderei Eibert AG, Eschenbach

VERLAG

Pica Verlag Zürich
Marianne Studer
Lettenfussweg 6
8037 Zürich

info@picaverlag.ch
www.picaverlag.ch

ISBN

978-3-9523796-2-2

MADE IN ★ SWITZERLAND

NOTIZEN